Gulliver Taschenbuch 5503

Wolfgang Endres, geboren 1946, ist Pädagoge und als Referent in der Lehrerfortbildung tätig. Seit 1973 leitet er das Studienhaus St. Blasien, wo er u.a. Ferienkurse und Lern-Seminare für Schülerinnen und Schüler veranstaltet.

Wolfgang Endres

Nie wieder pauken

99 starke Lerntipps

BELTZ
& Gelberg

Abbildungsnachweis
Anne Frank, Seite 27: © by Anne-Frank-Fonds Basel, Switzerland
Mutter Theresa, Seite 27: dpa, Deutsche Presse-Agentur GmbH

www.beltz.de
Gulliver Taschenbuch 5503
Neuausgabe

Programm Beltz & Gelberg, Weinheim

Die Originalausgabe erschien 1996 unter dem Titel
99 starke Lerntipps beim Beltz Fachbuch Verlag
Einbandgestaltung von Max Bartholl
unter Verwendung einer Illustration von Jutta Bauer
Zeichnungen von Michael Ryba
Fotos von Christian Herr
Innenlayout von Hildegard Müller
Gesetzt nach der neuen Rechtschreibung
Gesamtherstellung Druckhaus Beltz, 69494 Hemsbach
Printed in Germany
ISBN 3 407 75503 1
2 3 4 5 6 05 04 03 02 01

Inhaltsverzeichnis

Brief aus der Lernwerkstatt

Liebe Schülerin, lieber Schüler,

als ich vor vielen Jahren einmal gleich bei mehreren Schülern Spickzettel entdeckt habe, war ich ziemlich enttäuscht. Nicht, weil gespickt wurde. Das gehört zum Schulalltag. Nein, ich war enttäuscht darüber, wie hundsmiserabel diese Spickzettel waren. Lauter unnützes Zeug war da zu lesen, meinte ich jedenfalls. Da habe ich kurz entschlossen ein Plakat gemalt und ans Schwarze Brett gehängt:

Ein paar Tage später haben wir dann gemeinsam überlegt, beraten und geschnipselt, bis jeder seinen eigenen brauchbaren Spickzettel hatte. Was dann damit geschah, findest du im Lerntipp Nr. 79.

Das ist nur einer von 99 Lerntipps, die du in diesem fröhlich-lockeren Lerntrainer findest. Auch du selbst sollst fröhlich-locker damit arbeiten können.
Deshalb brauchst du die Lerntipps auch nicht streng in einer festen Reihenfolge zu lesen. Du kannst das Buch nach Lust und Laune aufschlagen und einen x-beliebigen Lerntipp herauspicken. Nachdem du ihn gelesen hast (also bevor du dir den nächsten Tipp zu Gemüte führst), gibst du ihm eine Note:

1 = superstark,
2 = voll okay,
3 = ganz brauchbar,
4 = na ja, so lala
5 = kaum brauchbar,
6 = kannst du vergessen

Deine Bewertung trägst du auf Seite 116 hinter der betreffenden Nummer des Lerntipps ein. So entsteht deine ganz persönliche Hitliste.
Wenn du dich in diesem Stil durch das Buch geackert hast, nimmst du dir die

besten Lerntipps nochmals etwas gründlicher vor. (Du hast hoffentlich nicht nur die Noten 5 und 6 vergeben müssen …)

Die Tipps, denen du die Noten 1 und 2 gegeben hast, mögen dazu beitragen, dass du für deine Arbeiten in der Schule ähnliche Noten bekommst. Am wichtigsten aber ist, dass du (wieder) mit Spaß ans Werk gehst.

Das wünscht dir
ganz herzlich

Wolfgang Endres

Mittel gegen Hausaufgabenärger und verschiedene Lernprobleme

Wirf den Ärger in die Ecke

Worüber hast du dich heute in der Schule wahnsinnig geärgert? Das schreibst du als Stichwort auf ein kleines Zettelchen. Jetzt nimmst du diesen »Ärger-Zettel« in die Hand und ballst sie ganz fest zur Faust.
Dann zerknüllst du das Zettelchen zu einem winzigen Ärger-Kügelchen. Dabei denkst du sehr konkret an deinen Ärger und spürst, wie du ihn regelrecht zu Mus zerdrückst. Nun wirfst du deinen Ärger (Zettel) in hohem Bogen in die Ecke.

Sich den Frust von der Seele schreiben

Wenn du Ärger hast, enttäuscht oder traurig bist, schreibe dir deinen Frust von der Seele. Dein Tagebuch ist dafür eine phantastische Adresse. Wenn du ganz sicher sein willst, dass kein Unbefugter deinen Frustbrief liest, benutze eine Geheimschrift. Du wirst sehen, dass dir schon beim Niederschreiben ein Licht aufgeht und du die Dinge hinterher viel klarer siehst.

Eine andere Idee: Suche Kontakt über eine Brieffreundschaft. Es ist ein tolles Gefühl, ganz private Gedanken mit einem Menschen auszutauschen, den man gar nicht persönlich kennt. Da schreibt sich manches sehr viel leichter.

Und wenn deine Brieffreundin oder dein Brieffreund in England, Frankreich, Kanada oder Australien wohnt, kommt noch ein Training in der Fremdsprache hinzu. Wie du an eine Adresse kommst, können dir deine Englisch- oder Französischlehrer und -lehrerinnen sicher sagen.

Ein Blick durch die eigene »Lernbrille«

Suche dir eine der folgenden Fragen aus und gib dir selbst eine ehrliche Antwort darauf:

1. Welches sind meine persönlichen Gründe für das Lernen?

2. Mit welchen Themen/Fächern befasse ich mich gern? (Woran liegt das?)

3. Was lerne ich überhaupt nicht gern? (Warum?)

4. Wodurch kann ich mir das Lernen erleichtern?

5. Zu welcher Tageszeit lerne ich am liebsten?

6. Rede ich mit anderen über meine Lernprobleme?

Betrachte dich durch deine eigene Lernbrille und du wirst so manche neue Lernidee entdecken.

Spaß am Lernen – was ist das?

Wann hast du mal so richtig gern gelernt? Wo war das? Was war das Thema? Wann genau war das, wie alt warst du? Wer war sonst noch dabei?

Führe dir die Situation wieder vor Augen – in allen Einzelheiten. Du darfst ruhig ein bisschen ins Schwärmen geraten.

Was kannst du tun, um so was wieder zu erleben? Stelle es dir ruhig in schillernden Farben vor.

4

Wenn du behauptest, Lernen habe dir noch nie Spaß gemacht, hast du nicht lange genug nachgedacht.

Erinnerst du dich noch an dich?

Blättere einmal in deinem Fotoalbum oder krame in der Fotokiste. Suche dir ein Bild von früher und lege es neben ein neueres von dir. Was fällt dir alles auf? Wie hast du dich verändert? Lernen heißt auch: Sich verändern.

Erinnere dich an die Zeit, die zwischen diesen beiden Bildern liegt. Was hast du inzwischen dazugelernt? (»Dumm geboren und nix dazugelernt!« ist eine scheinbar witzig gemeinte Beschimpfung, die aber auf keinen Menschen zutrifft.)

5

Was würdest du heute anders machen, wenn du die Zeit an die Stelle zurückdrehen könntest, als das ältere Foto gemacht wurde? Kannst du für die nächste Zeit etwas daraus ableiten?

Sag dir, wo die Stärken sind ...

Orientiere dich an dem, was du kannst. Halte dir nicht als Erstes vor Augen, was du nicht kannst. Suche in einem fremdsprachigen Text zuerst die Wörter, die du verstehst.

Bevor du dich deinen Schwachstellen widmest, betreibe erst einmal eine Stärkenanalyse. Gib nicht auf, bis du etwas gefunden hast, womit du zufrieden sein kannst.

6

7

Vergleiche hinken. Doch *ein* Vergleich lohnt sich fast immer, der Vergleich mit sich selbst: Wie habe ich das gestern, letzte Woche oder vor zwei Monaten gemacht? Gelingt es mir heute genauso gut oder schlecht – besser oder schlechter?

Jeder Vergleich hinkt

Denke nicht immer daran, was die anderen von dir halten. Das blockiert nur – und die meisten denken sowieso nur an sich selber.

Hab Courage zur Blamage. Wenn`s danebengeht, versuch es halt noch einmal. Niemand hat immer nur Pech. Vergleiche dich nicht ständig mit den anderen. Überschätze die Erfolgreichen nicht. Du kannst manches, was sie vielleicht nicht können.

Probleme offen klären

Was würdest du deiner Freundin oder deinem Freund raten, wenn sie dir ein Problem schildern, an dem du jetzt gerade zu knabbern hast?
Oder stell dir vor, du sitzt bei einer Jugendzeitschrift in der »Kummerkasten-Redaktion« und bekommst eines Tages einen Brief, in dem dein Problem beschrieben wird. Was schlägst du als Lösung vor?

Betrachte dich und dein Problem von außen. Geh in Gedanken neben dir her oder setz dich neben dich. Betrachte dich, als wärest du ein anderer. So bekommst du automatisch etwas Abstand zu dir und deinem Problem, du wirst nicht so einfach von ihm erdrückt.
Du siehst, dass du ein Problem hast, aber deswegen bist nicht du selbst der Problemfall. Beschreibe dein Problem möglichst genau, ohne dich selbst dabei zu beschimpfen. Je offener du das Problem angehst, desto höher ist die Chance, dass du es klären kannst.

Frage dich als Nächstes, welche Fähigkeit du brauchst, um dein Problem zu lösen. Erinnere dich an eine Situation, in der du genau diese Fähigkeit schon einmal eingesetzt hast. Was hast du damals gemacht, gedacht, gefühlt?

Wenn dich ein Problem bedrückt, gehe mal zu dir selbst in die Sprechstunde. Was würdest du jemandem raten, der mit genau diesem Problem zu dir käme?

Besonders wichtig: Versuche ab sofort, keine Fehler mehr zu vertuschen. Wenn dir etwas misslingt, schiebe die Schuld nicht sofort auf andere. Wer Fehler zugeben kann, zeigt nicht Schwäche, sondern beweist Stärke.

9

Das richtige Knackwerkzeug

Hast du schon mal einen Füller, Kuli oder Zirkel von deinem eigenen Geld gekauft? Das wirklich eigene Handwerkszeug (selbst ausgesucht und selbst bezahlt) ist fast immer das richtige. So machst du das Lernen zu deiner eigenen Sache.

Punkte, Noten und Zensuren

10

Mit der Note bewertet die Lehrerin, der Lehrer nicht dich, sondern einen kleinen Teil deiner Leistung – in einem bestimmten Stoff in einem bestimmten Augenblick.

Eine Fünf oder Sechs in der Mathearbeit heißt nicht: Du bist schlecht. Die Note sagt nur: Diese Textaufgabe hast du nicht verstanden und diese Formel hast du nicht gewusst oder verwechselt.

Lerne aus gemachten Fehlern für die nächste Arbeit. Nutze die Berichtigung als neue Trainingsmöglichkeit. Frage dich, was du tun musst, damit es beim nächsten Mal besser klappt.

Kannst du den Noten auch was Positives abgewinnen? Helfen sie dir manchmal auch, mit dem Lernen konkret anzufangen? Und wenn es gut gelaufen ist, sind sie nicht auch eine verdiente Belohnung, über die du dich freuen kannst?

Übrigens:
Vergiss das »Feiern« nicht, wenn du ein gutes Ergebnis erzielt hast. (Vor allem, wenn du hart dafür gearbeitet hast!)

11 Selbst gemachte Erfolgsaussichten

Was für den Motor der Treibstoff ist, sind für die Motivation die Erfolgserlebnisse. Darum ist es wichtig, sich seinen Erfolg vor Augen zu halten. Manchmal genügt ein einfacher Notizzettel. Auf diesen schreibst du zum Beispiel den positiven Kommentar deines Mathe- oder Englischlehrers, der vielleicht zu dir gesagt hat: »Großartig, Konstantin, weiter so!« Oder du notierst ein Kompliment, wie Julia es zu hören bekam. Ein solcher Notizzettel über deinem Schreibtisch kann eine erstaunliche Ausstrahlungskraft haben.

Wer **begeistert** ist, hat was im **Köpfchen**

12

Du hast es in der Hand, ob und wie etwas interessant oder sogar spannend wird. Nimm dir einmal ein Fach vor, mit dem du auf Kriegsfuß stehst, und erkläre es ab sofort zu deinem Lieblingsfach. Stelle dieses Fach für die nächste Zeit richtig in den Mittelpunkt deines Lernalltags. Du machst keinen großen Bogen mehr um dieses Fach, sondern willst ab jetzt einfach mehr darüber wissen:

- Du überlegst dir Fragen, die du im Unterricht stellen könntest.
- Du suchst nach zusätzlichen Informationen, die nicht im Schulbuch stehen.
- Du stöberst zum Beispiel in einer Zeitschrift oder befragst jemanden am Telefon.
- Du gehst in die Schulbücherei und fragst nach einem Buch zu diesem Thema.
- Du willst es von jetzt an einfach wissen!

Nimm dir zusätzlich Zeit für dieses Fach, am besten eine ganz ungewöhnliche Zeit, zum Beispiel abends vor dem Einschlafen oder frühmorgens kurz nach dem Aufstehen. Oder du legst dir das entsprechende Buch unters Kopfkissen.

Erfolgreiche Menschen erkennt man daran, dass sie sich für eine Sache so richtig begeistern können. Wenn du Erfolg in einem bestimmten Unterrichtsfach haben willst, musst du dieses Fach erst einmal interessant finden.

Schließlich träumst du davon, dass dieses Fach dein Lieblingsfach geworden ist.

13

Mit einem gesunden Selbstbewusst-sein kommst du mit dir und anderen und mit der Schule besser zurecht. Nimm dir ein-mal eine Woche lang für jeden Tag ein »Charak-terpäckchen« vor:

Selbstbewusstsein ist gesund

Montag: Ich bin offen und ehrlich. Ich habe keine Angst, mich zu zeigen, wie ich bin.

Dienstag: Ich bin kontaktbereit, gehe auf andere zu, spreche sie an oder frage sie etwas. (Ohne dass ich mich aufdränge.)

Mittwoch: Ich gebe nicht sofort auf, wenn ich einen Misserfolg einstecken muss. Ich bin bereit, aus einem Fehler zu lernen.

Donnerstag: Ich gönne anderen ihren Erfolg und habe keine Hemmungen, ihnen dafür ein Kompliment zu machen.

Freitag: Ich melde mich freiwillig und übernehme eine Aufgabe.

Samstag: Ich entscheide mich (z.B. für eine bestimmte Fernsehsen-dung) und bleibe bei der getroffenen Entscheidung.

Sonntag: Ich kann berechtigte Kritik vertragen und spiele nicht die »beleidigte Leberwurst«.

Sich gezielte Ziele setzen

14

Beantworte die folgenden Fragen ehrlich vor dir selbst:

- Was will ich im Blick auf die nächsten Jahre erreichen? (Schulabschluss, Berufslaufbahn)
- Was will ich im nächsten Jahr erreichen? (In bestimmten Fächern)
- Was will ich im nächsten Halbjahr erreichen? (In einem ganz bestimmten Fach)
- Was will ich im nächsten Monat erreichen? (Im Blick auf eine Klassenarbeit)
- Was will ich nächste Woche erreichen? (Plan für Wiederholungslernen)
- Was will ich in den nächsten drei Tagen erreichen? (Hausaufgabenplan)
- Was will ich morgen erreichen? (In einer bestimmten Unterrichtsstunde?)

Je klarer du ein Ziel vor Augen hast, umso eher kannst und wirst du es erreichen.

15

Der Lernvertrag

Gute Vorsätze sind zwar gut gemeint, führen aber meist nicht zum gewünschten Ziel. Da ist ein Lernvertrag schon wirkungsvoller. Hierbei sind folgende Punkte zu beachten:

1. Vorsätze nur in der Ich-Form schreiben.
2. Klare Aussagen formulieren.
   (Ich werde … oder: Ich bearbeite …)
3. Bei jeder Aussage überprüfen, ob das gesteckte Ziel realistisch ist.
4. Höchstens zwei Vorsätze auf einmal.
5. Einen Zeitraum für die »Vertragsdauer« festlegen.
6. Zum Schluss: Ort, Datum, Unterschrift.

Hier ein Mustervertrag als Beispiel:

Mit Vorstellungskraft das **Lernziel** erreichen

16

Dein Ziel muss wirklich deinen inneren Wünschen entsprechen. Du musst selbst davon überzeugt sein, dass du dieses Ziel erreichen willst.

Dein Ziel muss dir persönlich wichtig sein. Wenn dir das Ziel etwas wert ist, wirst du auch bereit sein, Anstrengung auf dich zu nehmen.

Du musst nicht die oder der Beste sein. Es genügt, wenn du dein Bestes gibst.

Du stellst dir ganz genau vor, was du machst, um dein Ziel zu erreichen. Zum Schluss dieser Vorstellung hängst du noch eine kleine »Phantasieübung« an. Du klopfst dir mit der rechten Hand auf die linke Schulter und sagst mit stolzgeschwellter Brust zu dir: »Das hast du sauber hingekriegt!«

Kommst du dir schon beim Lesen ziemlich komisch vor? Dann hilft dir vielleicht der Hinweis, dass Spitzensportler ganz ähnliche Übungen machen. Allerdings heißen sie dort »Mentales Training«.

17

Kenner und Könner haben Geschmack

Beweise deinen guten Geschmack.

- Gestalte deinen Arbeitsplatz so, dass du dort auch gerne lernst.
- Sei anspruchsvoll! Begnüge dich nicht mit Geschmiere.
- Lege Wert auf saubere Heftführung.
- Benutze zum Durchstreichen ein Lineal.
- Durch die äußere Form kannst du Punkte sammeln.
- Zeige Niveau. Lies mal ein »schlaues« Buch oder hör mal ein paar Takte »anstrengende« Musik.

Mein persönlicher Geschmack:

-
-
-
-
-
-
-

Wo sich das Nachahmen lohnt

Suche dir ein Vorbild, dem du gern nacheifern willst. Sammle möglichst viele Informationen über diesen Menschen. Lies in seiner Biographie und suche dir Lebenssituationen heraus, die dich beeindrucken. Wo und wie willst du dich an diesem Vorbild orientieren?

Wenn du der Frage nachgehst, wie dein Vorbild schwierige Situationen gemeistert hat und wie es mit eigenen Niederlagen zu kämpfen hatte, wirst du bald herausfinden, wo sich das Nachahmen besonders lohnt.

Mutter Theresa

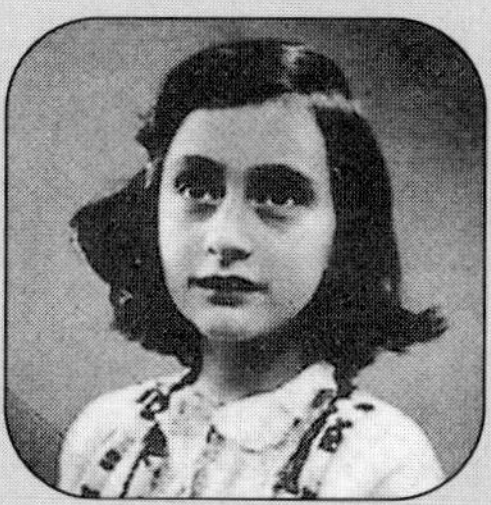

Anne Frank

Wer ist für dich ein gutes Vorbild oder könnte eines werden?

19

Take it easy – but take it.

Vom Motto zur Motivation

Bring Farbe, deine persönliche Lieblingsfarbe, in den grauen Schulalltag. Suche dir einen guten Spruch oder ein tolles Gedicht als Motto. Schneide es aus oder schreibe es ab und benutze es als Lesezeichen oder hänge es als Miniposter über deinen Schreibtisch.

Bringt dich eines der folgenden Beispiele auf den Geschmack?

Use the talents
you possess;
for the woods
would be very silent
if no birds sang
except the best.

(Carolyn Coats)

Wer den Mut hat
zu sagen
dass er nicht mehr
den Mut hat
zu sagen
was er sagen will
der hat
vielleicht
noch den Mut
es zu sagen

(Erich Fried)

Siehst du
einen
Riesen,
so achte
auf den
Stand
der Sonne,
ob es nicht
der Schatten
eines
Zwerges ist.

(Novalis)

Tipps für eine tolle Lernstimmung und volle Konzentration

Nie wieder pauken

20

Ein paar Gedanken zur Einstimmung

E – A – d – g – h – e':

Das ist die Stimmung der Saiten einer Gitarre.

Eine Gitarre muss, wie jedes Instrument, erst gestimmt werden, bevor man darauf spielt. Beim Lernen ist das nicht viel anders. Wie du für die richtige Lernstimmung sorgst, kannst du an der »Gitarren-Formel« ablesen:

E wie Entspannen:
Bevor du dich an den Schreibtisch setzt, machst du drei oder vier Kniebeugen, ein paar Lockerungsübungen mit dem Oberkörper und den Armen, atmest ein paarmal tief ein und aus.

A wie Aufräumen:
Jetzt räumst du deinen Arbeitsplatz auf und legst alles, was dich von der Arbeit ablenken könnte, beiseite.

d bedeutet »denke positiv!«:
Du setzt dich an den Schreibtisch und sagst dir Sätze wie: »Ich werde meine Aufgaben zügig erledigen« oder »Heute komme ich sehr gut alleine klar!«

g heißt »gern gelernt«:
Erinnere dich, wo und wann dir das Lernen richtig Spaß gemacht hat. Denke ganz fest an dieses angenehme Erlebnis.

h steht für »halbe Portionen«:
Lege dir einen Plan zurecht, in welcher Reihenfolge du die Aufgaben erledigen willst. Teile alles in kleine Portionen ein und entscheide dich, mit welcher »halben Portion« du anfangen willst.

e' erinnert dich an »erfrischend«:
Du weißt von Anfang an, dass du nicht alles an einem Stück erledigen musst. Nimm dir ein Teilziel vor und plane schon mal ein »erfrischendes Päuschen« ein, wenn du dieses erreicht hast.

21

Eine Runde »Motzivation«: Hausaufgabenbeschimpfung

Wenn es dir völlig an der nötigen Motivation fehlt, wenn dir die Hausaufgaben regelrecht zuwider sind, hilft vielleicht eine Runde »Motzivation«:

Baue etwas vor dir auf und betrachte es als dein Hausaufgabenpaket. Dieses beschimpfst du nun nach Strich und Faden. Dabei darfst du nicht nur, sondern musst du geradezu maßlos übertreiben.

Wenn du wirklich richtig übertreibst, kommst du schon bald an einen Punkt, wo dir dein Motzgewitter total lächerlich vorkommt. Erst dann hörst du auf: »Jetzt halt aber mal die Luft an!« Du holst tief Luft und überlegst, wie schlimm es tatsächlich ist.

Siegertypen mögen Knackiges ...

Frisches Obst und knackige Salate sind nicht nur kerngesund, sondern heben auch die Stimmung. Wenn es dich immer nur nach Süßigkeiten oder Chips gelüstet, befasst du dich zu sehr mit ungesunden Stoffen. Siegertypen achten mehr auf ausgewogene Ernährung.

22

Wenn du deine Essgewohnheiten positiv veränderst, hast du auch in anderen Bereichen mehr Erfolg.

... und achten auf ihre Körperhaltung

23

In vielen Sportarten kommt es auf die ideale Körperhaltung an. Wenn du gern erfolgreich sein willst, achte auf deine Haltung – auch beim Lernen. Stelle dir in deiner Phantasie vor, wie du aussiehst, wie du gehst und stehst oder wie du sitzt, wenn dir alles gut gelingt, wenn du gut drauf bist. Welche Körperhaltung hast du dann?

Nimm genau diese Haltung bewusst eine Minute lang ein. Bewege dich mit dem Gefühl, dass du alles richtig machst.

Die Stopp-Methode ...

Immer wenn du merkst, dass deine Gedanken spazieren gehen, kannst du die Stopp-Methode anwenden. Kommt dir zum Beispiel nachmittags mitten in den Hausaufgaben irgendein Ärger vom Vormittag in den Sinn, kannst du mit einem bewussten »Stopp!« gegensteuern.

Damit du das Problem auch nicht »vergisst«, notierst du ein passendes Stichwort auf ein Zettelchen und legst dieses in deine »Problembox«. (Das ist einfach ein beliebiger Behälter oder eine bestimmte Stelle in deinem Zimmer.)

So rückst du für eine Zeit lang das Problem, das dich ablenkt, aus deinem Blickfeld. Später greifst du es (das Zettelchen) wieder auf und denkst über eine mögliche Lösung nach.

... oder Träumen

Alle großen Leistungen, die die Menschheit vollbracht hat, entstammen zunächst der menschlichen Phantasie. Deshalb ist es völlig in Ordnung, hin und wieder mit seinen Gedanken nachzuspüren, seine Phantasie spielen zu lassen, einfach zu träumen.

Denke zum Beispiel an den berühmt gewordenen Traum von Martin Luther King:

»Ich habe einen Traum,
dass eines Tages die Söhne der ehemaligen Sklaven und die Söhne der Sklavenhalter in der Lage sein werden, sich zusammen an den Tisch der Brüderlichkeit zu setzen.

Ich habe einen Traum,
dass meine vier kleinen Kinder eines Tages in einer Nation leben werden, wo man sie nicht nach ihrer Hautfarbe, sondern nach ihrem Charakter beurteilen wird.«

25

<u>Wichtig</u>:
Nach dem Träumen machst du dir Gedanken darüber, was du für die Verwirklichung dieser Träume tun kannst.

26

Genießer können abschalten ...

Es gibt Menschen, die können nicht aufhören; die essen, bis ihnen schlecht wird; die drehen ihre Musikanlage auf, bis sie taub werden; die gucken Fernsehen und Videos, bis ihnen die Augen flimmern. Dabei bringen sie sich um den eigentlichen Genuss. Echte Genießer bevorzugen ausgewählte Sachen und genießen sie in kleinen Portionen. Und siehe da, sie haben mehr davon.

Bist du ein echter Genießer? Oder möchtest du einer werden? Dann nimm dir als Training mal das Fernsehprogramm vor und suche dir eine Sendung aus, für die du dich wirklich interessierst. Entscheide dich nochmals ausdrücklich für diese eine Sendung. Dann wettest du mit dir selbst, dass du es schaffst, nach dem Abspann dieser Sendung den Fernseher auszuschalten.

Wenn du die Wette gewonnen hast, wirst du feststellen, dass dieser komische Fernsehtipp ein echter Lerntipp ist.

... oder
durchhalten

27

Für diesen »Test« benötigst du eine Uhr mit Sekundenzeiger. Nimm diese in die Hand und setze dich irgendwo in Ruhe hin und schau nur auf diese Uhr. Konzentriere dich nur auf die Bewegung des Sekundenzeigers. Achte fünf Minuten lang nur auf die Bewegung des Sekundenzeigers, als ob es im Moment nichts Wichtigeres auf der Welt gäbe. Wenn dir mittendrin etwas anderes in den Sinn kommt, beginnst du wieder von vorn.

Willst du dich testen, ob du es durchhältst, fünf Minuten lang voll und ganz bei einer Sache zu bleiben?

fünf Minuten
durchhalten

28

Die 120-Sekunden-Übung

Bist du leicht abzulenken? Möchtest du das gerne ändern? Dann hilft dir bestimmt ein Ausdauertraining der besonderen Art: Lege eine Uhr mit Sekundenzeiger direkt vor den Fernseher, während ein (möglichst spannender) Film läuft. Versuche, genau zwei Minuten lang nur auf die Bewegungen des Sekundenzeigers zu achten. Erlaube dem Fernseher nicht, dass er deine Aufmerksamkeit fesselt und dich von der Uhr ablenkt.

Wenn du das geschafft hast, kannst du es mit Stufe 2 versuchen: Richte deine Aufmerksamkeit halb auf die Bewegung des Zeigers und halb auf diese Zahlenreihe. Sage im Geiste immer wieder die Zahlen **2, 4, 6, 8, 10, 8, 6, 4, 2, 4, 6, 8, 10, 8, 6, 4** usw. rauf und runter und behalte beide Dinge im Kopf. Sobald du merkst, dass du den Faden verloren hast, fängst du wieder von vorne an …

Bestimme selbst, wie du deine Zeit nutzen willst.

Konzentrationsübung: Mit Kopf und Hand ...

29

Setz dich entspannt an deinen Schreibtisch und reibe deine Handinnenflächen aneinander, bis sie richtig warm sind. Stell dir dabei vor, du formst eine Kugel aus weichem Ton.
Leg nun die Hände mit der warmen Innenseite auf deine geschlossenen Augen. Genieße die entspannende Wärme, die von den Händen auf die Augen übergeht.
Nach ungefähr einer Minute lässt du die Hände sinken und öffnest ganz langsam deine Augen, atmest tief durch und sagst einfach leise: »Schööön!«

»Schööön!«

... und sanftem Druck

30

Nun legst du deine Hände auf den Kopf, fasst mit den beiden Daumen an deine Schläfen und massierst mit den Fingerkuppen der anderen Finger systematisch deine Kopfhaut.
Du massierst mit sanftem, leichtem Druck und spürst, wie deine Kopfhaut angenehm durchblutet wird. Du schließt die Augen und sagst immer wieder still zu dir: »So kann ich mich viel besser konzentrieren!«

31

Voll bei der Sache

Damit deine Gedanken, zum Beispiel in einem Aufsatz, nicht »von Hölzken auf Stöcksken« springen, schreibst du das Thema mitten auf ein Blatt, ziehst einen Kreis drum herum und erklärst dieses Gebilde zum Kern der Sache.

Die Stichpunkte deiner Stoffsammlung notierst du rund um diesen Kern. Bevor du einen neuen Gedanken notierst, schaust du wieder zum Mittelpunkt und fragst dich, ob dein neuer Gedanke noch zum Thema gehört.

So baust du allmählich ein Netzwerk auf und verlierst das Thema nicht aus dem Auge.

32

Hörtraining: Gespitzte Ohren

Suche dir eine Kassette oder CD aus und höre dir die Musik ganz bewusst an. Nach einer Weile konzentrierst du dich nur auf eines der Instrumente und verfolgst dieses durch das ganze Stück.

Drei bis fünf Minuten später drehst du die Lautstärke allmählich zurück. Stück für Stück, bis du die Musik kaum noch hören kannst.

Dann drehst du die Lautstärke komplett auf null und hörst nur in die Stille hinein – eine ganze Minute lang …

33

Sehübung:
Ungewohnte Perspektiven

Drehe aus einem Blatt Papier eine Art Fernrohr und lies einen Abschnitt im Schulbuch, indem du durch die Röhre guckst …

Oder nimm ein richtiges Fernglas zur Hand, stelle das Buch in einiger Entfernung vor dir auf und lies einen Abschnitt auf diese ziemlich umständliche Art. Lass dich mal überraschen, was ein anderer Blickwinkel alles zum Vorschein bringt.

(Mr. Keating, der berühmte Lehrer in dem Film »Club der toten Dichter« hat das so formuliert:
»Gerade wenn man glaubt, etwas zu wissen, ist es so wichtig, es aus einer anderen Perspektive zu betrachten – selbst wenn es einem albern vorkommt oder unnötig erscheint!«)

Entscheidungstraining: Bei einer Sache bleiben

Wer sich nur schwer entscheiden kann oder seine getroffenen Entscheidungen immer wieder ändert, macht es sich oft unnötig schwer. Wer bei einer Sache bleibt, selbst wenn sie unangenehm wird, ist trotzdem besser dran und hat weniger Stress. Wie das zu verstehen ist, erzählt dir diese Geschichte aus dem Orient:

Ein Mann stand wegen Bestechung vor dem Richter. Alles sprach für seine Schuld, und so blieb dem Richter nur mehr, das Urteil zu sprechen … Er bot dem Angeklagten drei Möglichkeiten, aus denen er seine Strafe wählen konnte. Der Angeklagte sollte entweder hundert Tuman zahlen oder fünfzig Stockhiebe erhalten oder aber fünf Kilo Zwiebeln essen.

»Das wird doch nicht schwer sein«, dachte der Verurteilte und biss schon in die erste Zwiebel. Nachdem er gerade drei viertel

Pfund Zwiebeln roh verspeist hatte, schüttelte ihn der Abscheu schon beim Anblick dieser Früchte des Feldes. Die Augen liefen ihm über und ganze Tränenbäche stürzten seine Wangen herunter.

»Hohes Gericht«, heulte er, »erlasst mir die Zwiebeln, ich will doch lieber die Schläge auf mich nehmen.« In Gedanken glaubte er, listig sein Geld sparen zu können …

Der Gerichtsdiener entkleidete ihn und legte ihn über die Bank. Schon der Anblick des kräftigen Gerichtsdieners und der biegsamen Rute ließ den Verurteilten zittern. Bei jedem Schlag auf den Rücken schrie er lauter, bis er beim zehnten Schlag endlich jammerte: »Hoher Ghazi, habe Erbarmen mit mir, erlass mir die Schläge … Lass mich lieber die hundert Tuman bezahlen!«

(Aus: »Der Kaufmann und der Papagei« von Nossrat Pereschkian)

Prioritäten setzen: Was ist wirklich wichtig?

35

Ordne die folgenden kleinen Lerngedanken nach Wichtigkeit für dich. Zuerst suchst du den wichtigsten Tipp heraus und gibst ihm die Nummer 1. Danach wählst du den unwichtigsten und verpasst ihm die Nummer 7. Die nächsten Plätze vergibst du in der Reihenfolge 2 – 6 – 3 – 5 – 4. (Das erleichtert die Entscheidung beim Prioritätensetzen.)

- ◯ Bestimmte Aufgaben erledige ich gern mit einem Lernpartner.
- ◯ Meinen Arbeitsplatz und mein »Handwerkszeug« halte ich in Ordnung.
- ◯ Ich frage nach, wenn ich etwas nicht verstanden habe.
- ◯ Vokabeln wiederhole ich nach verschiedenen Methoden.
- ◯ Meine Notizzettel haben System.
- ◯ Zu Beginn der Hausaufgaben lege ich mir eine Reihenfolge zurecht.
- ◯ Nach getaner Arbeit belohne ich mich durch etwas Schönes.

Prioritäten setzen heißt: Gedanken ordnen und Aufgaben nach Wichtigkeit sortieren.

36

Keine Energie verschwenden

Wenn du sehr angespannt arbeitest, ist es besonders wichtig, immer wieder zwischendurch zu prüfen, ob alles okay ist. (Zum Beispiel bei längeren Matheaufgaben immer Zwischenergebnisse kontrollieren.)

Vorschläge für eine gute Lernplanung und Zeiteinteilung

37

Zeitprobleme lösen

Wie viele der folgenden Aussagen treffen auf deinen persönlichen Arbeitsstil zu?

- ○ Ich kann am besten unter Zeitdruck arbeiten.
- ○ Ich fühle mich sehr oft unter Zeitdruck.
- ○ Ich komme oft zu spät.
- ○ Ich suche oft unnötig lange nach irgendwelchen Sachen, weil ich zu wenig Ordnung halte.
- ○ Ich mache oft nur »halbe Sachen«, lasse Angefangenes liegen.
- ○ Ich nehme mir oft zu viel vor.
- ○ Ich halte nicht viel von Zeitplanung; ich lasse die Dinge lieber auf mich zukommen.
- ○ Ich schiebe Aufgaben oft vor mir her.

Kommst du auf drei oder mehr »Treffer«?

Dann lässt du dich beim Lernen wahrscheinlich zu sehr von anderen bestimmen. Das solltest du dir nicht gefallen lassen. Die Einteilung deiner Zeit ist eine sehr persönliche Angelegenheit. Nimm sie deshalb selbst in die Hand. Bei welchem »Treffer« willst du ganz konkret ansetzen?

Nimm dir Zeit

1

zum Lernen

2

zum Bewegen

3

zum Lesen

4

zum Nachdenken

5

zum Träumen

6

für deine Freunde

7

zum Essen

8

zum Musikhören

9

zum Nichtstun

10

zum Planen,

denn dann
hast du auch Zeit
für die ersten neun
Dinge …

39

Zeitreserven schaffen

Für »Zeit-Chaoten« gibt es ein phantastisches Gegenmittel: Zeitreserven schaffen!

Unverhofft kommt oft! Den Spruch kennst du wahrscheinlich zur Genüge. Du hast dir vielleicht zwei Stunden für die Vorbereitung einer Klassenarbeit vorgenommen. Du schiebst diese zwei Stunden bis zum Abend vor der Arbeit vor dir her. Endlich fängst du auf den letzten Drücker an und merkst schon nach kurzer Zeit, dass dir die Zeit nie und nimmer ausreicht. Kein Wunder, dass jetzt Hektik aufkommt und du in Panik gerätst …

Erlaube dir mal für eine ganze Woche lang den Luxus, für alle Aufgaben doppelt so viel Zeit zu veranschlagen, wie du ursprünglich gedacht hast.

Genieße dann das wunderbar erholsame Gefühl, für alle Aufgaben mal so richtig Zeit zu haben. Und am Ende (siehe Aufsatz-Beispiel) kommst du sogar in kürzerer Zeit ans Ziel.

Am besten trägst du die Zeiten in einen Wochenplan:

Datum	Aufgabe	Geschätzter Zeitbedarf normal	doppelt	Tatsächlich benötigte Zeit
Dienstag	Mathe-Textaufgaben	30 Min.	60 Min.	40 Min.
	Englisch übersetzen	20 Min.	40 Min.	25 Min.
	Aufsatz	45 Min.	90 Min.	35 Min.

und so ähnlich weiter …

Zeit sparen

Zeit ist Geld.

Geld kann man sparen.

Zeit auch?

– Wohl kaum.

Aber nutzen kannst du sie.

Frage dich mehrmals am Tag:

Nutze

ich

jetzt

in

diesem

Augenblick

meine

Zeit

am

besten?

41

Zeitgefühl trainieren

So bekommst du einen guten Zeitbegriff und hast deine Zeit im Griff.

Glaubst du, dass du in mancher Klassenarbeit besser abschneiden würdest, wenn du mehr Zeit zur Verfügung hättest? Gerätst du gegen Ende einer Arbeit in Panik und machst »richtig blöde« Fehler? Dann solltest du dein Zeitgefühl trainieren.

Nimm dir eine kurze, überschaubare Aufgabe vor und setze dir eine Zeit, in der du damit fertig sein möchtest. Stoppe dann die tatsächlich benötigte Zeit und vergleiche, wie gut du geschätzt hast. Wenn du dein Zeitgefühl mal eben zwischendurch testen möchtest, schätze mal, in welcher Zeit du eine bestimmte Seite im Buch laut vorlesen kannst. Dann beginne zu lesen, während die Stoppuhr läuft.

Zur Arbeitszeit gehören Pausen

42

Halte dich an diese Formel:

Hausaufgabenzeit = $\frac{2}{3}$ Arbeit + $\frac{1}{3}$ Pause

Wenn du in der Arbeitszeit wirklich arbeitest, steht dir auch tatsächlich so viel Pausenzeit zu.

Pause mit Methode

43

»Aufhören, wenn es am schönsten ist!« Dieses uralte Motto kann sogar beim Lernen helfen. Bevor du bei den Hausaufgaben eine Pause machst, überlege dir kurz, mit welcher Aufgabe du nach der Pause weitermachen möchtest. Vielleicht legst du die entsprechenden Sachen schon mal zurecht. Suche dir dazu möglichst etwas »Schönes« aus – falls es bei Hausaufgaben überhaupt so etwas gibt …

Je besser dir das gelingt, umso leichter fällt es dir, auch wieder mit der Pause aufzuhören.

44

Das Punktesystem für die Hausaufgaben

Gib deinen Hausaufgaben Sternchen oder Punkte, wo immer du sie aufgeschrieben hast:

****** sehr wichtig und heute zu erledigen**

***** nicht so wichtig – aber heute zu erledigen**

**** sehr wichtig – hat aber noch Zeit**

*** nicht so wichtig – und hat noch Zeit**

kein Sternchen:
mache ich überhaupt nicht – oder schreibe ich ab …

45

Der HausaufgabenPLANer

Lege dir eine Reihenfolge zurecht, in der du deine Hausaufgaben erledigen willst.

Steht dir in einem Fach eine Klassenarbeit bevor, benutze für die Vorbereitung den

4-TAGE-PLAN:

Fach: .... Datum: ....

Zu erledigen am	
4.Tag	
3.Tag	
2.Tag	
letzten Tag vor der Arbeit	

Witzige Lernexperiment und lustige

Wegweiser zum Lernerfolg

46

Freie Wahl des Arbeitsplatzes

Die »Goldene Regel« für einen festen Arbeitsplatz heißt:

Gelernt wird nur am Arbeitsplatz, am Arbeitsplatz wird nur gelernt!

Aber selbst bei goldenen Regeln gilt:

Keine Regel ohne Ausnahme!

Deshalb überleg dir mal, wohin du hin und wieder mit deinem Buch und Heft marschieren könntest, um mal ganz woanders einen Teil deiner Hausaufgaben zu erledigen: Speicher, Keller oder Badezimmer? (Selbst auf der Toilette ist Auswendiglernen manchmal recht erfolgreich …)

In diesem Zusammenhang spricht man auch von Loci-Technik (Lateinisch locus = der Ort). Der Ort wird sozusagen mitgelernt und hilft dir hinterher, dich leichter zu erinnern: Wo war das noch mal, wo ich das gelernt habe?

Die passende Lernumgebung

47

Die Umgebung wird immer mitgelernt. Deshalb lohnt es sich, von Zeit zu Zeit einen besonders geeigneten Lernort aufzusuchen. Je mehr diese Umgebung mit deinem Lernstoff zu tun hat, umso besser.

Allein schon bei der Überlegung, wohin du mit deinem Biologie- oder Geschichtsbuch, mit deinem Mathe- oder Englischheft wandern könntest, stimmt dich ganz anders auf dieses Fach ein. Das ist zwar ein zeitraubendes Brimbamborium, aber genau das gibt dir vielleicht den nötigen Kick.

Nie wieder pauken

48

Die **Lernrallye** als Merksystem

Gehörst du auch zu denen, die beim Memory-spielen mit Erwachsenen haushoch gewinnen?

Dann solltest du die Lernrallye in dein Programm aufnehmen. Dazu schreibst du Formeln, schwierige Wörter oder Einzelteile deines Spickzettels auf einzelne Zettel und verteilst diese dann in der Wohnung oder deinem Zimmer.

Anschließend gehst du auf deiner Lernrallye an all diese Stellen. Du liest den Text und bringst den Inhalt mit dem Ort in Verbindung. Die Redewendung »I can't accept your view« (Ich kann deine Ansicht nicht teilen) muss in deiner Vorstellung irgendetwas mit dem Kleiderschrank zu tun haben. Und wenn die Formel $A = \frac{a+c}{2} \cdot h$ an der Lampe baumelt, steigst du so oft auf den Stuhl, bis die Formel in deiner »Birne« sitzt.

Ein Aufsatz per Diktiergerät

49

Wenn du immer still sitzen musst, aber viel lieber in Bewegung bist, kannst du es mal mit einem philosophischen Spaziergang versuchen. Zum Beispiel auf der Suche nach Ideen für die Stoffsammlung eines Aufsatzes: Du gehst mit Stift und Notizblock (oder besser noch: mit Diktiergerät!) auf und ab. Dabei sprichst du deine Gedanken halblaut vor dich hin.

Statt vor dich hinzubrüten und deine Gedanken spazierengehen zu lassen, machst du dich selbst auf den Weg.

Wenn dir das zu viel Bewegung ist, konstruiere dir eine Art Stehpult, wo du eine Stoffsammlung versuchsweise mal im Stehen schreibst.

(Viele berühmte Dichter haben fast nur am Stehpult geschrieben …)

50

Rhythmus als Lernhilfe

Wenn du irgendwelche Vokabeln nicht auseinander halten kannst oder bestimmte Grammatikformen immer wieder verwechselst, helfen dir selbst gemachte Merkverse weiter. Das können ziemlich plumpe oder doofe Verse sein – Hauptsache, es reimt sich.

Bist du zum Beispiel **im Englischen** beim **Genitiv-s** unsicher, wann das Häkchen vorne und wann es hinten steht (Monica's motorbike and the boys' trousers), sind das die richtigen Verse für dich:

Gehört etwas
einem nur allein,
muss vor dem s
das Häkchen sein.
(Monica's motorbike)

Gehört etwas zu zweien,
dreien oder vieren,
muss Häkchen das s
von hinten zieren.
(the boys' trousers)

Solche Verse kannst du rhythmisch aufsagen und dabei übertrieben betonen. Du kannst sie trällern, singen oder den Takt dazu klopfen.

Mach dir aus einer trockenen Grammatikregel, aus einem Stichwortzettel für Erdkunde oder Geschichte einen fröhlichen Hickhack-Rap – frisch nach dem Motto: »Je primitiver, desto klappt's!«

Bei Namen,
die auf s schon enden,
kann ich Regel 1 verwenden.
(James's pen)

Wenn einer mal zum
Doktor geht,
im Englischen to the
doctor's steht.

51

Training mit Tafel und Kreide

Tausche deinen Notizblock und dein Schmierpapier mal mit Tafel und Kreide – oder versuche es mit Pflastermalerei.

Du siehst eine Rechenaufgabe plötzlich aus einer ganz anderen Perspektive, die Zeichen und Zahlen sind viel größer, du bewegst dich ganz anders dabei – und es macht mehr Spaß.

Du hast übrigens ein berühmtes Vorbild für diese Lernmethode: Albert Einstein hat auch für sich allein fast nur mit Kreide an der Tafel gerechnet.

Sprechübung
für den Unterricht

Gut 80% des Unterrichts werden mündlich gestaltet.
Wenn du hierbei aktiv mitarbeitest, hat das spürbare Auswirkungen aufs Schriftliche. Nicht nur, weil du den Stoff besser mitbekommst, sondern weil der Lehrer dann auch deine Klassenarbeiten anders anschaut. Er hat sozusagen ein positives »Vor-urteil«.

Gib dir also einen Ruck, melde dich in jeder Stunde mindestens einmal und gib eine Antwort oder stelle eine Frage.

Stelle dich mit deinem Hausheft daheim vor einen Spiegel und lies z.B. deinen Aufsatz als Sprechübung laut vor. Sprich langsam und achte auf eine gute Betonung. Das erhöht den Wert deines Aufsatzes.

53 Ein altes Sprechergeheimnis

»Du sollst nicht so nuscheln!«

Bekommst du das so oder ähnlich öfter zu hören? Dann kannst du mit einem uralten Mittel sehr wirkungsvoll etwas dagegen tun:

Nimm einen Weinkorken zwischen die Zähne und lies einen Text oder ein Gedicht laut vor.

Das sieht zwar komisch aus und hört sich ziemlich blöd an. Aber vielleicht überzeugt dich der Hinweis, dass diese Übung aus dem
Ausbildungsprogramm
von Nachrichtensprechern
stammt …

Lernfortschritte machen

54

Fällt es dir schwer, beim Lernen still zu sitzen?

Wenn du dich viel lieber bewegst, kannst du es mal mit einem »Lern-Spaziergang« versuchen. Du gehst mit deinen Vokabeln auf und ab oder liest ein paar Seiten im Geschichtsbuch.

Wenn du Gefallen an dieser Lernform gefunden hast, denke doch mal über die Möglichkeiten nach, deinen nächsten Aufsatz an einer Art Stehpult zu schreiben.

55

Fragen über Fragen

»Wer keine Fragen hat, hat nichts begriffen«, hat einmal ein enttäuschter Redner gesagt, als im Anschluss an seinen Vortrag niemand eine Frage gestellt hat. Wer sich darin übt, (gute) Fragen zu stellen, lernt immer mehr und immer besser.

Dieses Training beginnt damit, sich Gedanken zu machen, zum Beispiel über Fragen wie:

Welche dieser Fragen machst du jetzt zu deiner »Frage des Tages«?

- Wie könnte ich bei einer Wiederholung den Stoff mal ganz anders lernen?
- Wann habe ich zum letzten Mal so richtig gern gelernt?
- Kann ich an meinem Arbeitsplatz gut lernen? (Wenn nein, warum nicht?)
- Was kann ich tun, damit ich heute mit mehr Spaß ans Lernen gehe?
- Was ist mir heute wichtig?

56

Wie Profis mit dummen Fragen umgehen

Bist du schon mal wegen einer »dummen« Frage ausgelacht worden? Dann hattest du es höchstwahrscheinlich nicht mit Profis zu tun.
Ein wirklicher Könner lacht andere nicht aus. Ein Profi hat es nämlich nicht nötig, andere auszulachen oder fertig zu machen. Nur Möchtegern-Profis tun gern so, als ob sie von der Sache mehr verstehen. Ein wirklich cooler Typ bleibt sogar dann cool, wenn mal jemand »saublöd daherfragt«.

Es ist ganz gut zu wissen, dass die, die sich am lautesten über andere lustig machen, selber arme Würstchen sind, die ihre Angst nur geschickt verstecken wollen.

57

Wer fragt, gewinnt

Eine Super-Vorbereitung für die nächste Unterrichtsstunde sind deine gesammelten Fragen. Frage dich: Welche Fragen könnte der Lehrer zu diesem Thema stellen? Findest du ein paar? Dann schreibe sie auf einen Spickzettel, vielleicht schon mit einer passenden Antwort. (Zur mündlichen Mitarbeit im Unterricht sind derartige Spickzettel meist erlaubt!)

Kommt keine deiner Fragen dran, könntest du sie ja selber stellen. Auf der Suche nach einer Antwort könntest du dich ebenfalls aktiv beteiligen.

Wer Fragen hat, denkt mit

oder: Wer fragt, gewinnt!

Warum bewegen sich die Wolken?
Kann man vorhersagen, wohin sie sich bewegen?
Warum bewegt sichdas Tiefdruckgebiet nach Osten, wenn der Wind von Süden kommt?

58

Gardinenpredigt für Grammatik-Muffel

Hast du hin und wieder etwas Kompliziertes zu lernen, das du gar nicht richtig kapierst? Zum Beispiel eine verwirrend klingende Grammatikregel?
Da kommt ein heißer Tipp schon aus dem alten Rom:

»Durch Lehren lernen wir!«

(Seneca, 4 v. Chr. – 65 n. Chr.)

Einem anderen etwas erklären heißt demnach, dadurch selbst zu lernen.

Wenn gerade niemand da ist, der dir als »Opfer« zuhören kann, hilft vielleicht dein Teddybär (mit seinen glasigen Augen) weiter. Du kannst aber auch einfach an die Wand reden oder mit dem (ausgeschalteten) Handy im Zimmer auf und ab gehen …

Beim Erklären kann »der Groschen plötzlich fallen«.

59

Typische Lehrerfragen

Viele Lehrerinnen und Lehrer benutzen beim Abfragen ein ganz bestimmtes Schema. Die einen fragen auffallend oft nach Daten, Zahlen oder Namen:

»Wer
– Was
– Wann
– Wo?«

Sie hätten gern, dass du möglichst viel aufzählst oder Auswendiggelerntes aufsagst.

Andere fragen öfter

»Warum
– Wieso
– Weshalb?«

Oder sie möchten wissen, wie du über eine Sache denkst.

Wenn du das Schema kennst, das dein Lehrer bevorzugt, kannst du dich viel besser vorbereiten. Um diesem Schema auf die Spur zu kommen, wählst du zwei Fächer aus und trägst in eine Tabelle stichwortartig möglichst viele Fragen ein, die dein Lehrer im Unterricht stellt.

Fach: ....

Wer – Was – Wann – Wo – Wie viel?

(Abfragen von Wissen und Auswendiggelerntem)

....

....

....

....

Warum – Wieso – Weshalb?

(Fragen nach eigenen Überlegungen und Gedanken)

....

....

....

....

Wenn du deine Notizen von den beiden ausgewählten Fächern nach drei oder vier Unterrichtsstunden miteinander vergleichst, wirst du höchstwahrscheinlich die typischen Lehrerfragen entdecken. (Und der Lehrer entdeckt dein Interesse am Unterricht …)

Mini-Test: Du brauchst einen Testpartner mit »Stoppuhr«. Erst dann solltest du weiterlesen.

Lesen und Hören im Vergleichstest

Lesetest: Wie viele Sekunden brauchst du, um folgende Reihe von Buchstaben und Zahlen nur durch Lesen auswendig zu lernen?

W A 3 H 7 K B T 5 E 4 S

Lass die benötigte Zeit von deinem Testpartner aufschreiben.

Minuten Sekunden

Hörtest: Lass dir nun von deinem Testpartner folgende Zeile immer wieder langsam vorlesen, damit du die Kombination nur durch Hören lernst:

8 R Z G L 2 4 M A P 1 X

Sobald du glaubst, dass du diese Zeile kannst, sagst du »Stopp!«. Dein Testpartner notiert die Zeit und du sagst die Kombination auswendig auf. Bei einem Fehler beginnt das Spiel von vorne. (Natürlich muss die Nachlern-Zeit dazugerechnet werden.)

Minuten Sekunden

Wie fällt der Vergleich aus? Auf welche Lernidee bringt dich dieser Mini-Test?

Schwierige Vokabeln verschwinden lassen

61

Nimm dir ein paar Vokabeln vor, die du schon x-mal wiederholt hast, die du aber immer wieder vergisst.
Schreibe jede einzeln auf ein kleines Kärtchen. Dann versteckst du sie der Reihe nach hinter dem Spiegel, unter der Matratze, im Kühlschrank oder zwischen deiner CD- oder Kassettensammlung.

Während du die einzelnen Kärtchen irgendwo verschwinden lässt, sprichst du die betreffende Vokabel deutlich aus und begründest sozusagen, warum du sie gerade an diesem Platz versteckst. So könntest du zum Beispiel sagen: »to get accustomed to – sich gewöhnen an. Dich verstecke ich im Kleiderschrank.«

Bevor du zum nächsten Versteck gehst, stellst du dir nochmals vor, wie das Wort oder die Redewendung geschrieben wird.

Ein paar Tage später machst du aus dem Versteckspiel ein Suchspiel. Findest du alle Kärtchen wieder? Weißt du noch, wie die Wörter darauf heißen? Lass dich mal überraschen!

62

Computer-Software als Lernhilfe

Nutze den Computer als Lerntrainer. Für alle Fächer gibt es inzwischen recht brauchbare Programme. Entsprechende Hinweise findest du in den Computer-Zeitschriften.

Du kannst dir auch eine Liste mit der aktuellen Übersicht kostenlos zuschicken lassen, zum Beispiel von:

Cornelsen Verlagsgesellschaft,
Kammeratsheide 66,
33609 Bielefeld;

Heureka/Klett,
Postfach 106016,
70049 Stuttgart;

Schroedel Software-Service,
Hildesheimer Straße 202–206,
30519 Hannover.

Oder schreibe eine Karte mit dem Stichwort *»Lerntrainer-Software bitte!«* an das

Studienhaus St. Blasien,
Hans-Thoma-Weg 4,
79829 St. Blasien.

Oder schicke einfach ein Fax: 07672-2246.

Oder schau mal ins Internet:
http://www.endres.de

Merksätze als Kartenspiel

Wenn du eine besonders gelungene englische Redewendung, einen Merksatz oder eine Grammatikregel gut speichern möchtest, schreibe die einzelnen Wörter des Satzes auf kleine Zettelchen. Anschließend mische sie, hefte sie mit einer Büroklammer zusammen und lege dieses Kärtchenset in einer Kartei- oder Zettelbox ab.

Zum Beispiel:

spilt

it's

crying

no

use

milk

over

Einige Zeit später greifst du das Kärtchenset heraus, breitest die Zettel vor dir auf dem Schreibtisch aus und versuchst nun, den Satz wieder richtig zusammenzubauen.

Dabei gehen dir die möglichen Lösungen immer wieder durch den Kopf – und spielend wiederholst du, was du doch so gern behalten möchtest.

(it's no use
crying over spilt milk)

64

Das farbenfrohe Wörterbuch

Nutze den Textmarker als Vokabeltrainer: Vokabeln, die du im Wörterbuch nachschlägst und gerne behalten möchtest, markierst du im Wörterbuch mit dem Textmarker. So bekommt es mehr Farbe und mit der Zeit entsteht dein persönliches Dictionary.

Wenn du beim Nachschlagen eines Wortes auf einer Seite »landest«, auf der schon etwas markiert ist, wiederholst du auch noch das bereits markierte Wort ganz nebenbei.

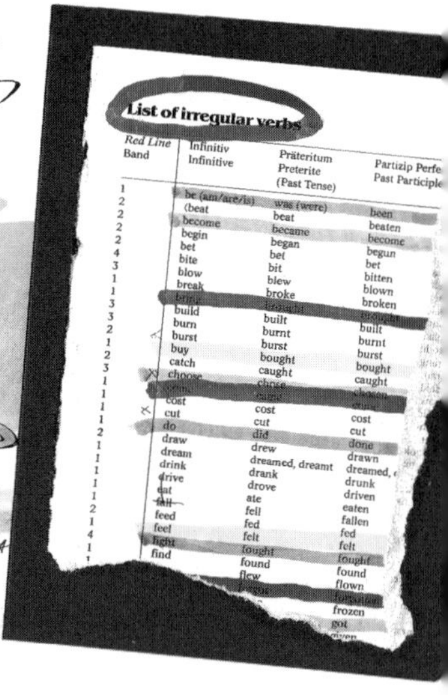

List of irregular verbs

Red Line Band	Infinitiv Infinitive	Präteritum Preterite (Past Tense)	Partizip Perfe[kt] Past Participle
1	be (am/are/is)	was (were)	been
2	beat	beat	beaten
2	become	became	become
2	begin	began	begun
2	bet	bet	bet
4	bite	bit	bitten
3	blow	blew	blown
1	break	broke	broken
1	bring	brought	brought
3	build	built	built
3	burn	burnt	burnt
2	burst	burst	burst
1	buy	bought	bought
2	catch	caught	caught
3	choose	chose	chosen
1	come	came	come
1	cost	cost	cost
1	cut	cut	cut
1	do	did	done
2	draw	drew	drawn
1	dream	dreamed, dreamt	dreamed, [illegible]
1	drink	drank	drunk
1	drive	drove	driven
1	eat	ate	eaten
1	fall	fell	fallen
2	feed	fed	fed
1	feel	felt	felt
4	fight	fought	fought
1	find	found	found
		flew	flown
		[illegible]	[illegible]
			frozen
			got
			given

65

Intervalltraining

für Vokabeln

Ganz gleich, nach welcher Methode du Vokabeln gelernt hast, wichtig ist der richtige Zeitpunkt für die Kontrolle. Und die setzt du höchstwahrscheinlich viel zu früh ein.

Der Lernstoff muss sich nämlich erst mal setzen können, d.h., du solltest Vokabeln nicht unmittelbar nach dem Lernen abfragen, sondern die Lernzeit als

»Setzzeit dransetzen«:

15 Minuten lernen

– 15 Minuten setzen lassen

– dann erst kontrollieren.

Wer's nicht glaubt, sollte es testen. »Wer behalten will, muss loslassen können …«

66

Sogar Vergessen will gelernt sein

Bei vielem, um das du verkrampft oder verbissen kämpfst, erreichst du genau das Gegenteil. Deshalb probier doch mal, ein paar Vokabeln »krampfhaft« zu vergessen. Du suchst dir dazu drei Vokabeln aus und schreibst sie auf einen Schmierzettel. Lies sie dir anschließend ein paar Mal intensiv durch und nimm dir vor, sie nicht behalten zu wollen. Dann zerreißt du den Schmierzettel – und lässt dich überraschen, ob und wie diese verrückte Methode funktioniert.

Kreative bauen Eselsbrücken

67

Wenn etwas lustig oder komisch ist, behältst du es allein dadurch besser, dass es merkwürdig ist. Baue dir für Matheformeln ein paar Eselsbrücken als Gedichte. Das dürfen durchaus holprige Verse sein, Hauptsache, es reimt sich.

Nutze deine dichterische Freiheit.

Zum Beispiel:

$$V = \frac{4}{3}\pi \cdot r^3$$

So wird der Rauminhalt (»der Innenraum«) einer Kugel berechnet. Daraus könntest du folgendes Gedicht machen:

Innen hat die Kugel, eijeijei
Vier drittel pi mal r hoch drei.

Oder aus der Formel für die Oberfläche der Kugel, den »Buckel«:

$$O = 4\pi \cdot r^2,$$

wird:

Was die Kugel auf dem Buckel hat,
ist vier mal pi mal r Quadrat.

68

Für Leute, die etwas immer wieder erwarten, könnte es mal wider Erwarten anders kommen …

Sicherheitstraining für alle (Rechtschreib-)Fälle

Wenn etwas zum Verwechseln ähnlich ist, hast du große Mühe, diese Dinge, wie Formeln oder Wörter, auseinander zu halten. Wenn du spürst, dass du beim Lernen mit einer Verwechslungsgefahr zu tun hast, nimm erst nur den einen Teil, das eine Wort von den beiden ähnlichen. Trainiere nur mit diesem einen und lass das andere völlig unbeachtet.

Erst wenn du ganz sicher bist, wann und wo du »wieder« mit »ie« schreibst, knöpfst du dir das Wörtchen »wider« vor. Hier ein paar Trainingsbeispiele:

morgen Vormittag
morgens/vormittags
am Abend/abends
endgültig entscheiden

Aber am besten nimmst du Beispiele, über die du schon gestolpert bist (oder immer wieder stolperst).

Letzte Rettung bei Gedächtnisschwäche

69

Eine Formel, die dir so besch...euert vorkommt, dass du sie einfach nicht behalten kannst, schreib mal energisch auf ein ganz besonderes Blatt …

70

Sein Gedächtnis neu entdecken

Durch diesen Mini-Test kannst du herausfinden, dass dein Gedächtnis vermutlich besser funktioniert, als du selber denkst.

Nimm einen Notizzettel und schreibe zu jedem Wortpaar ein anderes Wort auf, das dir dazu gerade einfällt. Du sollst nicht lange nachdenken, sondern einfach das erstbeste Wort notieren.

Lärm und Stille
Lust und Laune
Mut und Risiko
Recht und Freiheit
Glück und Erfolg

schnell und langsam
faul und fleißig
leicht und schwer
richtig und falsch
stolz und bescheiden

hören und sehen
öffnen und schließen
behalten und vergessen
fragen und erklären
ordnen und planen

Nach fünf bis zehn Minuten liest du deine Wörter auf dem Notizzettel und schreibst alle Wortpaare auf, an die du dich erinnern kannst. Bekommst du mehr als die Hälfte zusammen? Dann nutze diesen positiven Effekt künftig stärker bei deinen Notizen.

Skizzen als Textaufgabenknacker

71

Nimm (wieder) einen Notizzettel und zeichne zu jedem Wortpaar eine grobe Skizze. Du sollst nicht lange nachdenken, was du da malen könntest, es muss auch keine schöne Zeichnung werden. Es genügt schon einfach eine Kritzelei.

Ähnlich wie bei Tipp 70 wirst du bei dieser Übung feststellen, dass du mehr kannst, als du meinst.

Feuer und Wasser
Fels und Stein
Kummer und Sorgen
Himmel und Hölle
Traum und Wirklichkeit

hoch und tief
schön und hässlich
schief und gerade
sauber und schmutzig
bunt und farblos

schmecken und riechen
lachen und weinen
essen und trinken
loben und schimpfen
denken und überlegen

Nach fünf bis zehn Minuten schaust du deine Kritzeleien auf dem Notizzettel wieder an und schreibst alle Wortpaare auf, an die du dich jetzt erinnern kannst. Bekommst du mehr als die Hälfte zusammen? Dann nutze diese Fähigkeit – zum Beispiel für Skizzen bei Textaufgaben.

72

Mit der Checkliste auf Nummer Sicher

Flugzeugmechaniker und Piloten checken vor dem Start ihre Maschine noch einmal »auf Herz und Nieren« durch. In einer Checkliste haken sie alles ab, was okay ist.

Überall, wo es um Sicherheit geht, sind Checklisten eine feine Sache. Willst du das für die nächste Arbeit testen?
So könnte zum Beispiel eine Checkliste aussehen:

Mit einer ganz persönlichen Checkliste gehst du auf Nummer Sicher. Du wirst sehen, das beruhigt ungemein.

Englisch-Diktat

– wiederholen und merken:

- ○ Alle Wörter in der Überschrift großschreiben.
- ○ Das Datum des Tages aufschreiben und behalten.
- ○ Beim ersten Vorlesen nichts schreiben, sondern auf den Sinn des Ganzen achten.
- ○ Nie durchschreiben, sondern falsches Wort wegstreichen und das neue Wort lesbar darüber schreiben.
- ○ Zeit der Endkontrolle voll ausnutzen! Fehlen Buchstaben oder Wörter?

Mit dem Hausheft Punkte sammeln

73

Zum Wiederholen und beim Vorbereiten von Klassenarbeiten ist ein sauber und übersichtlich geführtes Heft unentbehrlich. Hier eine Checkliste für eine gute Heftführung:

- ◯ Auf der linken oder rechten Seite des Blattes einen breiten Rand für Bemerkungen frei lassen.
- ◯ Titel und Untertitel übersichtlich aufführen.
- ◯ Neuer Gedanke = neuer Absatz
- ◯ Aufzählungen durch Einrücken klar machen.
- ◯ Schrift nicht zu klein und nicht zu groß, vor allem aber lesbar!
- ◯ Skizzen und Zeichnungen lieber zu groß als zu klein.
- ◯ ....
- ◯ ....

Eine solche Liste kannst du nach eigenen Schwerpunkten ergänzen. Du wirst sehen, wie du dadurch Punkte sammeln kannst.

74

Wie Notizen nützen

- Notizblätter müssen auch später noch lesbar sein.
- Nie ganze Sätze notieren – einzelne Stichwörter genügen.
- Notizblätter nur auf einer Seite beschriften. Breiten Rand frei lassen für spätere Ergänzungen.
- Alle Blätter mit Datum und Überschrift versehen. (So findest du sie schneller und weißt sofort, um was es geht.)
- Mit eigenen Worten notieren (vgl. Lerntipp 70!).

Denke daran:
Eigene Notizen sind meist auch eine gute Grundlage für die Prüfungsvorbereitung.

Notizen als Mind map

75

Notizen können auch als eine Art »geistige Landkarte«, eine so genannte Mind map, entstehen. Die Gedanken von **Tipp 74** könnten dann so auf dem Papier stehen:

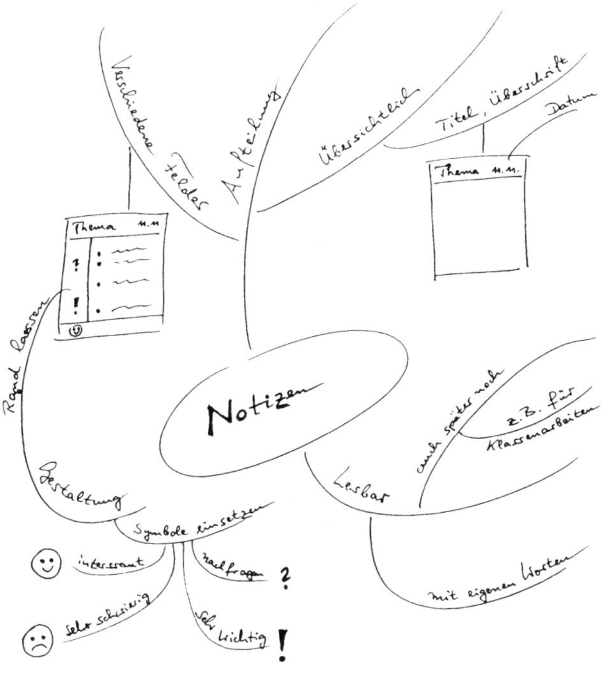

Suchst du dir einen Lerntipp aus, den du trainingshalber in eine Mind map verwandelst? Vielleicht findest du dann noch für ganz andere Notizen Gefallen an dieser Notiztechnik.

Meine eigene Mind map

Spickzettel-Training als Klassenarbeitsvorbereitung

76

Mut zur Lücke

Für dieses Experiment benötigst du acht bis zehn Klebepunkte, etwa so groß wie dein Daumennagel. Diese klebst du willkürlich verteilt in einen Artikel einer Zeitschrift oder auf die Fotokopie einer Seite aus einem Schulbuch.

Anschließend liest du den Text und versuchst, ihn trotz der Klebepunkte-Lücken zu verstehen. Du wirst mehr verstehen, als du vermutest.

Nach dieser Erfahrung bist du vielleicht etwas gelassener, wenn du zum Beispiel beim Zuhören eines fremdsprachigen Textes nicht jedes Wort sofort verstehst. Nicht jedes Wort ist unbedingt wichtig.

Überblick gewinnt nur, wer sich nicht im Detail verzettelt.

Mut zur Lücke

77

Die 10%-Methode

Als Vorbereitung auf eine Erdkunde- oder Geschichtsarbeit fotokopierst du eine Seite aus dem Schulbuch und unterstreichst die wichtigsten Stellen. Du darfst aber nicht mehr als 10% des Gesamttextes unterstreichen.

Wenn du den Text komplett gelesen und ungefähr 10% davon unterstrichen hast, schneidest du die unterstrichenen Stellen aus und legst oder klebst sie in der richtigen Reihenfolge untereinander.

Zum Schluss versuchst du, den ganzen Text nur anhand der ausgeschnittenen Schnipsel zu verstehen.

So trainierst du wunderbar den Blick für das Wesentliche.

78

Vom Plakatformat zum Spickzettel

Besorge dir ein Riesenblatt Papier, zum Beispiel ein altes Plakat oder ein Stück einer Tapetenrolle. Mit dicken Filzstiften malst du hierauf die Notizen eines Spickzettels für die nächste Klassenarbeit.

Am nächsten Tag wiederholst du diesen Stoff und notierst die einzelnen Stichpunkte auf ein DIN-A4-Blatt.

Am dritten Tag wird das Format nochmals deutlich kleiner – und am Tag der Arbeit versteckst du deinen Mini-Spickzettel an einer ganz privaten Stelle. (Vgl. Tipp 79)

Der erlaubte Spickzettel

79

Ein guter Spickzettel gehört zur besten Vorbereitung einer Klassenarbeit.

Wenn du dir (wie z.B. in Tipp 78) einen wirklich guten Spickzettel gemacht hast, solltest du ihn auch in die Schule mitnehmen. Um aber nicht in Versuchung zu kommen, ihn dort verbotenerweise zu benutzen, versteckst du ihn am besten. Zum Beispiel in der Socke, unter der Fußsohle (d.h. nicht unter der Schuhsohle).

Du wirst sehen, dass du ihn von dort wunderbar abrufen kannst, du kannst ihn sozusagen vor deinem geistigen Auge »lesen«.

Am besten probierst du diese Gedächtnisübung vorher mal zu Hause aus.

80

Etiketten-Schwindel

Klebeetiketten sind als Spickzettel nur bedingt geeignet …

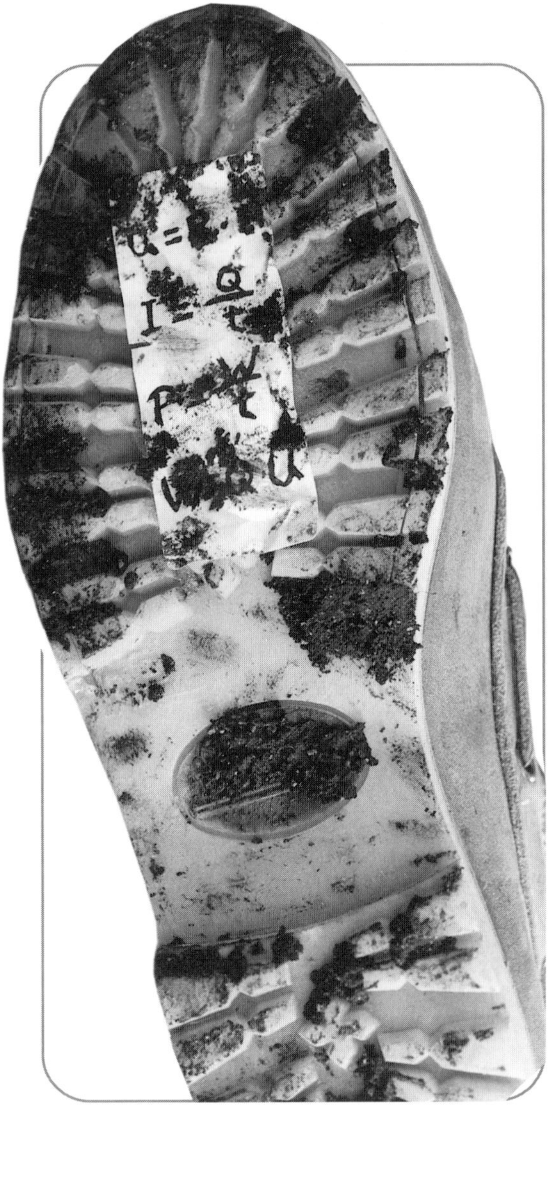

Wisch und weg

Schreib dir vor der nächsten Klassenarbeit zu Hause ein paar Stichpunkte mit wasserlöslichem Filzstift auf ein Lineal oder einen Gegenstand aus Plastik. Schau dir das Ergebnis etwas später nochmals »heimlich« an, nimm etwas Spucke und wisch es blitzschnell weg.

Trainiere mit diesem Spezialspicker so, als säßest du damit in der Klassenarbeit und wärest in Gefahr, im nächsten Augenblick erwischt zu werden. (Das wirkungsvolle »Blitz-Training« soll dich aber nicht dazu verführen, diese riskante »Wisch-und-weg-Methode« dann wirklich in der Schule einzusetzen.)

82

Nicht verboten, aber stressig

Wenn du mit einer bestimmten Vokabel oder Formel auf Kriegsfuß stehst, schau sie dir kurz vor der Arbeit nochmals an. Gleich zu Beginn der Arbeit schreibst du sie dann auswendig auf einen Schmierzettel.

Wirst du hierbei »erwischt«, musst du nur noch beweisen, dass du diesen Spicker erst während der Arbeit erstellt hast.

83

Die Infobörse

Besorge dir Klassenarbeiten und Prüfungsfragen älterer Jahrgänge. So manche Arbeit taucht regelmäßig immer wieder auf. (Wenn in deinem Falle jedoch nicht, hast du trotzdem genau den richtigen Stoff zum Üben.)

84

Spickzettel-Training für die nächste Stunde

Hast du »Muffensausen«, wenn dich der Lehrer nach vorne an die Tafel holt? Dass du abgefragt wirst, ist ja schon Stress genug. Jetzt kommt der »blöde Platz« vor der Tafel noch hinzu.

Solchen Situationen bist du aber nicht hilflos ausgeliefert. Du kannst dich darauf vorbereiten. Wenn du über deinen Notenstand im Bilde bist, kannst du besser einschätzen, ob es dich bei der nächsten Abfrageaktion treffen kann. Deshalb erkundige dich bei Gelegenheit einmal bei deiner Lehrerin oder deinem Lehrer nach deinen mündlichen Noten. Wahrscheinlich kannst du aus der Antwort nützliche Hinweise heraushören.

Wie wär's als Nächstes mit einem Spickzettel fürs Mündliche? Das wäre erstens eine gute Vorbereitung auf eine mögliche Abfragerunde und zweitens eine gefahrlose Lernhilfe. Bevor du aufgerufen wirst, könntest du deinen Spickzettel offen auf deiner Bank liegen lassen.

Faustregel

für die Klassenarbeit

Daumen

Ich sage mir auf dem Weg zur Arbeit, dass ich mich gut vorbereitet habe.

Zeigefinger

Ich gehe Leuten aus dem Weg, die mich mit ihren Hinweisen nur nervös machen.

Mittelfinger

Ich denke während der Arbeit an kleine Päuschen, lege den Stift ab und zu hin und atme tief durch.

Ringfinger

Kann ich eine Frage nicht beantworten, gehe ich zur nächsten.

Kleiner Finger

Ich weiß, dass ich nicht alles weiß. Ich weiß aber auch, dass ich einiges weiß. Dass nur das drankommt, was ich überhaupt nicht weiß, ist ziemlich ausgeschlossen.

85

Zähle dir an deinen fünf Fingern auf, wie du die nächste Arbeit anpacken willst:

86

Anziehender Insider-Tipp

Vor einer **wichtigen Arbeit** ziehen **Insider** unbedingt ihre **Lieblings-klamotten** an.

Ideen für ein gutes Lernklima

Stress lass nach

Lass dich nicht auspressen wie eine Zitrone. Vergiss in Stresssituationen deinen Körper nicht:

Gesunde Ernährung,
genügend
Schlaf,
frische
Luft
und ein bisschen
Bewegung.

88

Lernfreunde gesucht

Wenn du in einem Fach nicht klarkommst, suche den Kontakt zu Klassenkameraden, die gerade dieses Fach besonders mögen. Was findet deine Freundin oder dein Freund so positiv an diesem Fach?

Das ist ein Lerntipp wie aus dem Poesiealbum:

Wolken
verfärben sich bunt,
wenn sie die Sonne widerspiegeln,
und der Bergbach wird zum Wasserfall,
wenn er von einer Felswand stürzt.
Man verändert sich durch das,
womit man Umgang pflegt.
Deshalb wird auch die Freundschaft
so hoch geschätzt.

(Zhang Chao)

89

Lerntipps-Tauschbörse

Lass dich davon anregen, selbst mal etwas Neues auszuprobieren.

Tausche Lerntipps mit Freunden aus. Frage sie, wie sie an bestimmte Aufgaben herangehen, wie sie dieses oder jenes lernen.

Kannst du dir auch vorstellen, dass eine Lehrerin oder ein Lehrer bereit wäre, einmal das Klassenzimmer zu einem »Marktplatz für Lerntipps« zu machen, wo die ganze Klasse Lerntipps tauscht? Gib die Idee doch mal versuchshalber weiter.

Lerntraining per Telefon

90

Suche und nutze möglichst viele Gelegenheiten, frei zu reden und mit anderen ins Gespräch zu kommen. Gerade, wenn es dir schwer fallen sollte, ist es besonders wichtig. Es gibt kein besseres Mittel gegen Sprechhemmungen, als jede passende Gelegenheit zum Vorlesen, Vortragen, Fragen und Diskutieren am Schopfe zu packen.

Ruf doch mal einen Klassenkameraden an, mit dem du sonst selten oder gar nicht sprichst. Frage ihn nach der Lösung einer bestimmten Hausaufgabe. Oder frage in einer Druckerei nach kostenlosem Restpapier. Wenn du dein Anliegen freundlich vorträgst, könntest du so an kostenloses Notizpapier oder Pappstreifen für Karteikärtchen kommen.

Oder rufe eine Fahrplanauskunft an und lass dir eine komplizierte Verbindung durchgeben. Stelle ruhig Rückfragen nach einer günstigeren Verbindung.

Telefoniere dich nur tapfer durch – und du gewinnst an Sicherheit.

91

Aktion Nussknacker

Zieh in der Klasse eine »Aktion Nussknacker« als »Nachhilfe-Service« auf. Vielleicht bietet ihr eure Dienste dann in einer unteren Klasse an. Wer Nachhilfeunterricht erteilt, lernt in diesem Fach auch für sich selbst 'ne ganze Menge – und bessert obendrein sein Taschengeld auf.

92

Klassenzimmer neu gestalten

Bringt Farbe in die Bude, statt nur Poster aufzuhängen, malt doch eine ganze Wand an. Natürlich sollte erst mal ein Entwurf vorgelegt werden, über den ihr in der Klasse abstimmt.

Weniger spektakulär ist die Idee mit Pflanzen. Sie bringen Leben ins Klassenzimmer und verwandeln schlechte Luft in gute. Trag dazu bei, dass sich das Lernklima in eurer Klasse verbessert.

Klassenfete organisieren

93

Schon eine kleine gemeinsame Aktion kann zu einer Klassenfete werden. Du versuchst zum Beispiel, einen Besuchstermin beim Lokalradio zu bekommen, oder bemühst dich, für einen gemeinsamen Kinobesuch eine Gruppenermäßigung auszuhandeln.

Oder du organisierst einen Flohmarkt, um die Klassenkasse für den nächsten Ausflug aufzubessern. Oder ihr macht in einer sechsten Stunde aus eurem Klassenzimmer ein Bistro: Alle bringen etwas zum Essen und Trinken mit, ihr baut daraus ein kaltes Buffet, deckt die Schultische und geht von der Schule satt nach Hause …

In einer fröhlichen Gemeinschaft macht auch das Lernen mehr Spaß!

94

Wenn Lehrer nerven

Schreib mal auf, was dich in der Schule nervt.

Was stört dich? Wann? Warum? Was hätte der Lehrer anders machen sollen? Du wirst sehen, schon beim Notieren lässt die Wut im Bauch nach. Nimm dir vor, mit dem Lehrer zu reden, bitte ihn um einen Gesprächstermin. Deine Lehrerinnen und Lehrer können von deinen Vorstellungen, Fragen und Wünschen nichts wissen, wenn du es ihnen nicht sagst.

Notiere dir vor dem Gespräch ein paar Fragen und mach dir nach dem Gespräch Notizen, was ihr miteinander vereinbart habt.

Ein Gespräch mit einem schwierigen Lehrer klärt sehr oft Missverständnisse auf und hilft meistens beiden Seiten. Mach es dir zur Faustregel: Mit dem Lehrer reden, nicht über ihn. Lästern hintenrum bringt nichts.

95

Lehrer als Lernberater

Suche dir einen Lehrer als persönlichen Lernberater. Bitte ihn um Rat und betone dabei, dass es dir nicht nur um die Note geht. Sage überzeugt, dass du Hilfe brauchst, um dich verbessern zu können.

96

Ein Brief kann Wunder wirken

Vielen Menschen fällt das Schreiben leichter als das Reden, vor allem wenn es um Probleme geht. Eine Lehrerin oder einen Lehrer per Brief um einen Termin, einen Rat oder um Entschuldigung bitten, kann wahre Wunder wirken. (Besonders, wenn du den Brief nicht einfach nur abgibst, sondern ihn per Post schickst.)

97

Musterschüler mit Heiligenschein

Eine gute Schülerin, ein guter Schüler

- meldet sich häufig und sammelt Pluspunkte durch mündliche Mitarbeit;
- kann Enttäuschungen gut wegstecken;

Tu was für deine

Imagepflege!

- vertritt seine Meinung, auch wenn er damit alleine in der Klasse steht;
- übernimmt Aufgaben in der Klasse;

Wie viel von diesen Eigenschaften

- kann seinen Mitschülern ruhig zuhören und fällt ihnen nicht ins Wort;
- lacht seine Mitschüler nicht aus;
- kann Fehler zugeben und Kritik vertragen;
- hat keine panische Angst vor einer Blamage;
- schiebt bei Misserfolg die Schuld nicht sofort auf andere;
- spielt hin und wieder auch mal einen Streich – und steht dazu, wenn's rauskommt.

kannst du
ür dich in Anspruch nehmen?

98

Wer lacht, lernt leichter

Lachen ist gesund, mit lachendem Gesicht geht vieles leichter. Unterricht bei humorvollen Lehrern macht mehr Spaß, du passt besser bei ihnen auf und behältst auch mehr. Das gilt auch beim Lernen für dich selbst. Sei kein Motzkopp oder Miesepampel. Wer immer was zu meckern hat, macht sich die Arbeit nur noch schwerer. Spiel nicht gleich bei jeder Kleinigkeit die beleidigte Leberwurst. Wer Humor hat und Spaß verträgt, ist viel beliebter.

Könntest du etwas mehr für deine Fröhlichkeit tun? Ist dein Arbeitsplatz hell und freundlich? Unterstreichst und markierst du mit fröhlichen Farben? Welche Sachen ziehst du am liebsten an? Bist du ein »arroganter Pinkel« oder ein »Ritter von der traurigen Gestalt«? Du wirst lachen, auch solche Sachen wirken sich auf dein Lernen aus.

Schreibe dir mal was Aufmunterndes (mit Bleistift) ins Buch oder ins Hausaufgabenheft. Suche witzige Sprüche; es darf ruhig auch mal ein richtig blöder dabei sein. Hauptsache, du kannst darüber lachen.

Echter Humor ist aber mehr als nur Witzemachen. Humor ist eine durchaus ernste Angelegenheit, um die man sich bemühen muss.
Kannst du mit diesem Spruch von *Don Bosco* etwas anfangen?

Fröhlich sein,
Gutes tun
und die
Spatzen
pfeifen
lassen!

(Dann wäre es doch gelacht, wenn du in der Schule nichts zu lachen hättest …)

99

Die Wäscheleine-Methode

Lerntipps sind wie Wäscheklammern. Sie halten den Lernstoff fest. Du musst sie nur gut verteilen. Ein schwerer Lernstoff braucht entsprechend viele Klammern. Willst du wichtigen Stoff gut behalten, darfst du dich nicht mit einer einzigen Klammer-(Methode) begnügen.

Diesen

»aller-letzten« Tipp

darfst du
zum Abschluss sogar
wörtlich nehmen:

Häng ein Stück
von deinem Lernstoff
(z.B. Einzelteile
eines großen Spickzettels)
doch tatsächlich an die Leine …

Auswertungsbogen der Lerntipps

Trage hier die Bewertung der Lerntipps ein.

1 Wirf den Ärger in die Ecke ◯

2 Sich den Frust von der Seele schreiben ◯

3 Ein Blick durch die eigene »Lernbrille« ◯

4 Spaß am Lernen – was ist das? ◯

5 Erinnerst du dich noch an dich? ◯

6 Sag dir, wo die Stärken sind … ◯

7 Jeder Vergleich hinkt ◯

8 Probleme offen klären ◯

9 Das richtige Knackwerkzeug ◯

10 Punkte, Noten und Zensuren ◯

11 Selbst gemachte Erfolgsaussichten ◯

12 Wer begeistert ist, hat was im Köpfchen ◯

13 Selbstbewusstsein ist gesund ◯

14 Sich gezielte Ziele setzen ◯

15 Der Lernvertrag ◯

16 Mit Vorstellungskraft das Lernziel erreichen ◯

17 Kenner und Könner haben Geschmack ◯

18 Wo sich das Nachahmen lohnt ◯

19 Vom Motto zur Motivation ◯

20 Ein paar Gedanken zur Einstimmung ◯

21 Eine Runde »Motzivation«: Hausaufgabenbeschimpfung ◯

22 Siegertypen mögen Knackiges … ◯

23 … und achten auf ihre Körperhaltung ◯

24 Die Stopp-Methode … ◯

25 … oder Träumen ◯

26 Genießer können abschalten … ◯

27 … oder durchhalten ◯

28 Die 120-Sekunden-Übung ◯

29 Konzentrationsübung: Mit Kopf und Hand … ◯

30 … und sanftem Druck ◯

31 Voll bei der Sache ◯

32 Hörtraining: Gespitzte Ohren ◯

33 Sehübung: Ungewohnte Perspektiven ◯

34 Entscheidungstraining: Bei einer Sache bleiben ◯

35 Prioritäten setzen: Was ist wirklich wichtig? ◯

36 Keine Energie verschwenden ◯

37 Zeitprobleme lösen ◯

38 Nimm dir Zeit ◯

39 Zeitreserven schaffen ◯

40 Zeit sparen
41 Zeitgefühl trainieren
42 Zur Arbeitszeit gehören Pausen
43 Pause mit Methode
44 Das Punktesystem für die Hausaufgaben
45 Der Hausaufgabenplaner
46 Freie Wahl des Arbeitsplatzes
47 Die passende Lernumgebung
48 Die Lernrallye als Merksystem
49 Ein Aufsatz per Diktiergerät
50 Rhythmus als Lernhilfe
51 Training mit Tafel und Kreide
52 Sprechübung für den Unterricht
53 Ein altes Sprechergeheimnis
54 Lernfortschritte machen
55 Fragen über Fragen
56 Wie Profis mit dummen Fragen umgehen
57 Wer fragt, gewinnt
58 Gardinenpredigt für Grammatik-Muffel
59 Typische Lehrerfragen
60 Lesen und Hören im Vergleichstest

61 Schwierige Vokabeln verschwinden lassen

62 Computer-Software als Lernhilfe

63 Merksätze als Kartenspiel

64 Das farbenfrohe Wörterbuch

65 Intervalltraining für Vokabeln

66 Sogar Vergessen will gelernt sein

67 Kreative bauen Eselsbrücken

68 Sicherheitstraining für alle (Rechtschreib-)Fälle

69 Letzte Rettung bei Gedächtnisschwäche

70 Sein Gedächtnis neu entdecken

71 Skizzen als Textaufgabenknacker

72 Mit der Checkliste auf Nummer Sicher

73 Mit dem Hausheft Punkte sammeln

74 Wie Notizen nützen

75 Notizen als Mind map

76 Mut zur Lücke

77 Die 10%-Methode

78 Vom Plakatformat zum Spickzettel

79 Der erlaubte Spickzettel

80 Etiketten-Schwindel

81 Wisch und weg
82 Nicht verboten, aber stressig
83 Die Infobörse
84 Spickzettel-Training für die nächste Stunde
85 Faustregel für die Klassenarbeit
86 Anziehender Insider-Tipp
87 Stress lass nach
88 Lernfreunde gesucht
89 Lerntipps-Tauschbörse
90 Lerntraining per Telefon
91 Aktion Nussknacker
92 Klassenzimmer neu gestalten
93 Klassenfete organisieren
94 Wenn Lehrer nerven
95 Lehrer als Lernberater
96 Ein Brief kann Wunder wirken
97 Musterschüler mit Heiligenschein
98 Wer lacht, lernt leichter
99 Die Wäscheleine-Methode

Meine Lerntipp-Notizen

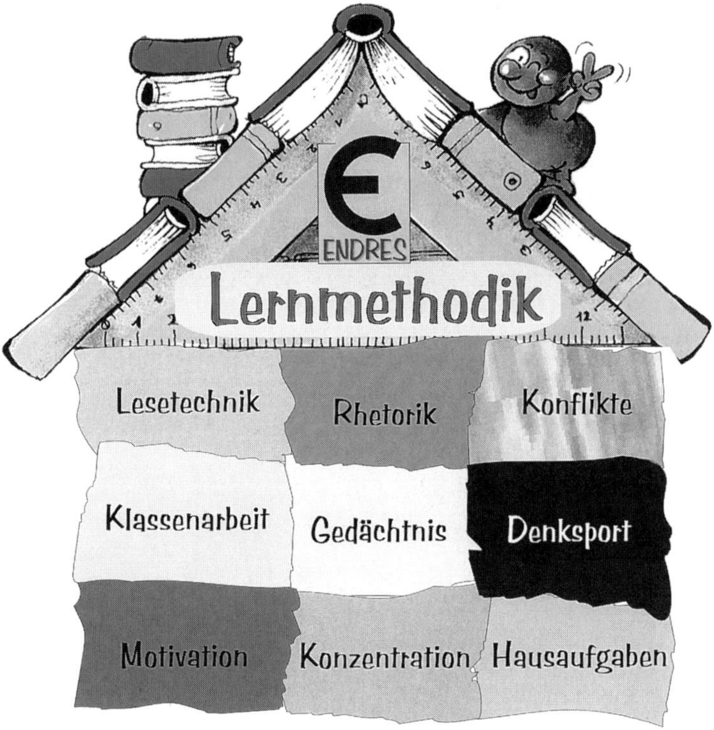
ENDRES
Lernmethodik
Lesetechnik
Rhetorik
Konflikte
Klassenarbeit
Gedächtnis
Denksport
Motivation
Konzentration
Hausaufgaben